AF267101

LETTRES

AU

GÉNÉRAL LAFAYETTE

SUR SA CONDUITE POLITIQUE

DEPUIS 1789 JUSQU'A 1831 ;

DÉDIÉES A LA GARDE NATIONALE,

PAR TH^{re} FADEVILLE,

OFFICIER DE MARINE DESTITUÉ EN 1815.

PREMIÈRE LETTRE.

Paris,

CHEZ LES MARCHANDS DE NOUVEAUTÉS.

1832.

INTRODUCTION.

—

Aux Rédacteurs des Journaux patriotes.

Je suis ami de Platon, disait un philosophe, mais j'aime encore mieux la vérité. S'il parlait ainsi pour des vérités qui n'avaient point une application bien directe au bonheur des hommes, à plus forte raison aurait-il eu ces sentimens s'il s'était agi de la liberté et de la prospérité, non-seulement de sa patrie, mais encore de l'Europe entière ; et Lafayette a tenu plusieurs fois dans ses mains le sort de la France et de l'Europe. Mais, par une fatalité inconcevable, semblable aux harpies, il a toujours corrompu ce qu'il touchait.

Si cette vérité, et j'ose le dire, je la démontrerai dans ces lettres avec la dernière évidence; si cette vérité avait été bien connue avant 1830, on ne lui aurait pas laissé mettre la main sur la révolution des trois journées, et alors il serait sorti de la foule un homme qui aurait vu ce qu'il fallait faire pour fonder sur des bases inébranlables la liberté, l'égalité politique et l'indépendance nationale.

Qu'est devenu le bonheur qui apparaissait à la

France et à l'Europe ? Chez nous , un ministère réunissant l'astuce de Villèle à la violence de Polignac ; la misère répandue dans tous les rangs de la société, tandis que les impôts augmentent ; les Français s'égorgeant entr'eux sur tous les points du territoire, d'un côté les troupes de ligne et la garde nationale, et de l'autre le peuple ; de sorte que la France, partagée ainsi en deux camps par un ministère qui veut diviser pour régner, paraîtra aux étrangers une proie facile, et ce sera là une des fortes raisons qui amèneront de toute nécessité la guerre ; tandis que si l'on avait conservé la fraternelle union qui existait après les trois journées, entre le peuple, la garde nationale et la ligne, les étrangers n'oseraient point nous attaquer. Voilà pour la France. Quant à l'Europe, le joug de l'Espagne et de l'Italie rendu encore plus dur ; la Belgique, française de cœur, de langage, de mœurs, de religion, de souvenirs et de territoire enclavé dans nos limites réelles, la Belgique échangeant un prince hollandais contre un prince anglais, et n'y gagnant qu'une effroyable misère ; et la malheureuse Pologne !.... Voilà les résultats de la funeste confiance accordée à Lafayette !

Dès 1824, dans deux brochures que je fis paraître, en annonçant l'ouvrage que je commence à publier aujourd'hui, j'examinais brièvement sa conduite depuis 1789, et j'engageais en même-temps à n'avoir plus de confiance en lui, car il vaut un million de fois mieux s'en rapporter, même au hasard pour avoir un guide, que d'en prendre un qui, continuellement pendant quarante-deux ans , a conduit dans un abîme ceux qui suivaient sa direction.

Les journaux libéraux, comme les ministériels et les ultras-royalistes, gardèrent le plus profond silence sur mes brochures , qui, par les faits qu'elles contenaient , méritaient au moins qu'on les discutât. Le silence des journaux ultras et ministériels ne m'étonna point du tout : c'était une nouvelle preuve que le Gouvernement voulait conserver Lafayette à la tête de l'opposition, bien certain qu'il ne la ferait point sortir des impuissantes formes légales , et en effet elle les observait encore pendant que le peuple arrachait la liberté avec la seule manière dont on peut la conquérir, avec le fer. Le silence des journaux libéraux me surprit beaucoup ; quelqu'un me dit : ils sont plus amis de Platon que de la vérité ; votre opinion repose sur des raisonnemens justes et basés sur des faits incontestables : ne pouvant point la réfuter on veut l'empêcher d'être connue (1).

____

(1) J'eus une autre preuve, et très forte, que le Gouvernement ne voulait point que les libéraux changeassent de chefs. Pour suppléer à la publicité que les journaux ne voulaient point donner à mes brochures, quoiqu'ils en eussent reçu deux exemplaires, je fis faire des affiches qui les annonçaient. Le préfet *Delaveau* donna l'ordre qu'on arrachât celles qui étaient déjà placardées, et fit défendre à l'afficheur de continuer (j'en ai la preuve). Les démarches que je fis pour faire lever cette interdiction furent vaines : on me donna pour raison de cette mesure si rarement employée, qu'en laissant apposer mes affiches, *cela aurait l'air d'une vengeance du Gouvernement.*

Maintenant il n'en sera point de même ; les rédacteurs auxquels je m'adresse comprennent leur noble
mission ; ils sentent qu'un journaliste réellement digne
de ce nom, n'est point un manœuvre payé à tant la
ligne pour assembler des mots, qu'il est encore
moins un avide spéculateur soutenant telle opinion
selon qu'il espère par là avoir un plus grand débit de
sa marchandise ; ils sentent, dis-je, qu'un véritable
journaliste veut la liberté de la presse sur les bases
les plus larges, qu'il ne se refuse point à discuter des
opinions pleines d'intérêt pour la patrie (bien certain de convaincre ses lecteurs si la raison est de son
côté), surtout lorsque ces opinions sont le fruit de
mûres réflexions et qu'elles sont énoncées de bonne
foi, par suite d'une conviction intime toujours res-
pectable ; et en me lisant on verra bien que je suis
intimement convaincu de ce que j'avance. J'ose
donc espérer que les rédacteurs actuels des journaux
patriotes, ne voudront point, comme ceux de 1824,
étouffer la lumière sous le boisseau.

LETTRES

AU GÉNÉRAL LAFAYETTE..

PREMIÈRE LETTRE.

Une histoire impartiale de la révolution française est encore à faire, je l'essaie, et pour cela, isolé de tous les partis, je cherche mes convictions dans les documens originaux ; c'est à eux seuls que je demande la vérité sur les hommes qui ont figuré dans ce drame de quarante-deux ans, et qui n'est encore peut-être qu'à son troisième acte. C'est par les faits que je les juge pour savoir s'ils méritent leur réputation, soit bonne, soit mauvaise, et je vous l'avoûrai, malgré tant de voix qui célèbrent vos louanges, malgré ce titre pompeux de héros des deux mondes, je crois que nul homme plus que vous n'a nui à la cause de la liberté dont on vous proclame le vétéran. Déjà en 1824, en examinant vos titres à la députation, j'avais exprimé cette idée, et brièvement énoncé les raisons qui l'appuyaient. Les journaux de toutes les opinions se turent sur ma brochure, et quoique j'en eusse fait remettre une pour vous chez votre portier, peut-être vous est-elle restée inconnue. Votre silence à cette époque ne serait donc point étonnant ; mais j'espère que cette lettre vous parviendra, et ne point répondre à mes questions, serait un aveu de votre part que vous n'avez rien à dire de satisfaisant pour votre justification ; et pensez-y-bien, Général, la postérité peut commencer pour vous de votre vivant, et il peut suffire d'un écrit consciencieux qui se fasse jour, pour détruire cet échafaudage d'une renommée colossale et, selon moi, usurpée. Vous me saurez gré, je l'espère, de vous avoir mis à même d'éclaircir des faits, d'expliquer des actions qui, vues de près, peuvent donner des doutes sur les services que l'on prétend que vous avez rendus à la cause de la liberté. J'entre en matière.

Si la délibération par ordre avait été conservée dans l'Assemblée nationale, l'abolition des priviléges de la noblesse et du clergé, et par conséquent la liberté aurait été impossible, puisque ces deux ordres auraient apposé leur *veto* sur les décisions prises à cet égard par le tiers-état. Les vrais amis de la liberté, ceux qui voulaient en effet détruire les chaînes féodales qui accablaient encore le peuple français, devaient donc se réunir et faire tous leurs efforts pour obtenir la délibération par tête ; c'était là le point essentiel qu'il fallait emporter, sous peine de voir ces États-Généraux n'avoir pas plus de résultat que ceux qui les avaient précédés. Il n'y avait point de terme moyen, la délibération par tête ou l'esclavage du tiers-état. Dans ce moment décisif qu'avez vous fait ?

J'ai consulté tous les documens , j'ai lu attentivement et les historiens qui ont écrit votre vie, et la *Biographie des Contemporains* faite par vos amis, vos enthousiastes , et tous sautent à pieds joints sur cette partie si importante de votre carrière politique. Parmi tant de louangeurs, qui rapportent cependant jusqu'au moindre mot que vous avez dit aux Etats-Unis et en France, jusqu'au plus petit quatrain fait en votre honneur, aucun ne parle de ce que vous avez pu dire ou pu faire pendant la lutte décisive que le tiers-état soutenait contre la noblesse, le clergé et la cour.

C'est déjà une forte présomption que vous n'avez point agi à cette époque pour faire triompher les principes de la liberté ; mais ce qui sert de preuve à cette présomption, c'est que vous ne faisiez point partie de la minorité libérale de la noblesse, qui signa une protestation le 21 juin, contre l'adresse au roi décrétée le 19 juin, et prononcée le 21 par la majorité de la chambre de la noblesse qui, par cette adresse , protestait contre les décrets du tiers-état se proclamant Assemblée nationale, et ordonnant la délibération par tête. (*Mémoires de Bailly*, tom. 1 , pag. 449 à 452.) Enfin, le 25 juin, cette minorité patriotique , après avoir tout fait pour obtenir de son ordre sa réunion au tiers-état, vexée et opprimée par la majorité , décide qu'elle se joindra aux députés des communes , afin de rendre encore plus efficace leurs efforts pour conquérir la liberté. Ce jour-là , pas plus que les 19 et 21 juin, vous ne vous trouvez dans les rangs des défenseurs de la liberté. Quelles raisons

aviez-vous pour ne point les seconder dans leurs efforts patriotiques ?

Non-seulement on peut vous accuser d'être resté
neutre entre les libéraux et leurs ennemis ; mais encore, si l'on en croit des écrivains distingués, vous
vous prononçâtes contre la réunion des trois ordres,
c'est-à-dire, contre le seul moyen possible de fonder
la liberté sans avoir recours à une sanglante révolution.

Lorsque la force des événemens eut contraint
Louis XVI à prier l'ordre de la noblesse de consen-
tir à la délibération par tête et de se rendre dans la
salle commune, la majorité de cet ordre, pour annuller autant qu'il était en lui, et pour avoir un prétexte
de plus pour détruire la liberté naissante aussitôt que
l'occasion s'en présenterait, protesta, le 3 juillet,
contre tout ce qui avait été fait de contraire aux droits
de la noblesse et du clergé depuis l'ouverture des
États-Généraux.

Camille-Desmoulins, dans un écrit publié en 1790,
et par conséquent à une époque où il était facile de
prouver la fausseté de cette assertion, si en effet elle
était fausse, vous accuse d'avoir signé la protestation
du 3 juillet. « Protestation d'abord secrète, dit-il ;
» mais révélée ensuite par ses codéputés indignés
» de ses perfidies. » (*Mémoires de Bailly*, tom. 1,
pag. 231). Vous ne démentîtes point ce fait dans le
temps ; n'était-ce point convenir qu'il était vrai ?

Dans la *Biographie des Hommes vivans* pu-
bliée par M. Michaud, de l'Académie, on lit à l'ar-

ticle Lafayette : « M. de Lafayette protesta avec la
» majorité de son ordre, le 3 juillet 1789, contre
» tout ce qui s'était fait de contraire aux principes de
» la monarchie et aux droits particuliers ; et il de-
» manda même qu'il lui fût donné par la chambre,
» ainsi qu'à ses collègues de la noblesse de l'Auver-
» gne, acte qu'ils avaient fait tous leurs efforts pour
» que le système du vote par ordre triomphât. »

En 1818 pas plus qu'en 1790, vous n'avez jugé à
propos de démontrer la fausseté d'une imputation si
positive, si bien détaillée. Je conçois qu'on garde le
silence sur des assertions vagues et générales ; mais
quand on cite un fait, s'il n'est pas vrai, un homme
public doit à l'opinion générale, et se doit à lui-même,
de le démentir et d'en démontrer la fausseté, et c'est
bien-là le cas d'appliquer le proverbe : Qui ne dit
mot consent. Enfin avez-vous, oui ou non, signé la
protestation du 3 juillet ?

Mais vous-même fournissez la preuve que vous
avez signé cette protestation. Dans la séance du 11 juillet, vous dites à la tribune (*Moniteur*, pag. 74) :
« Quoique mes pouvoirs m'ôtent la faculté de voter
» encore parmi vous, je crois devoir vous offrir le
» tribut de mes pensées. » Ainsi, le 11 juillet, vous
pensiez et disiez publiquement, 1° que l'Assemblée
nationale et le roi n'avaient pas eu le droit de décider
que l'on voterait en commun et non par ordre ; 2° que
la nouvelle forme de délibérer ne deviendrait légale
qu'autant que les nobles non-députés y consentiraient.
C'était dire qu'elle ne le serait jamais devenue si au

14 juillet le peuple n'eût parlé en maître, en souverain. Vous direz que dans cette même séance vous proposâtes (comme amateur et non comme député) une déclaration des droits tellement républicaine, que les membres du tiers-état qui avaient joué leur tête pour obtenir l'abolition des ordres privilégiés, la trouvèrent trop forte. Mais cela ne prouve qu'une extrême inconséquence de votre part. Ainsi, d'un côté, vous reconnaissiez à l'Assemblée nationale le droit de proclamer la république, et de l'autre vous lui refusiez le pouvoir d'annuller les mandats impératifs de la noblesse. Si la postérité mieux informée en vient à suspecter vos intentions, elle pensera que vous n'aviez montré à la cour et aux privilégiés, la république en perspective, que pour les faire persévérer dans leur dessein de dissoudre l'Assemblée nationale et d'en faire punir rigoureusement les principaux membres. C'était au moment où le roi faisait marcher 40,000 hommes contre l'Assemblée nationale et contre Paris qui la soutenait. Pour vous, vous vous trouviez à l'abri de tout danger du côté de la cour, par votre non-participation aux actes de la minorité libérale de la noblesse, par votre adhésion à la protestation du 3 juillet (car votre silence de quarante-un ans me fait regarder le fait comme certain jusqu'à preuve contraire), et enfin par la qualité d'amateur que vous preniez dans la séance du 11 juillet, ce qui était ne point reconnaître les décrets de l'Assemblée nationale ; et si dans la lutte qui se préparait le peuple était victorieux, votre déclaration des droits à la main vous

veniez vous placer dans les rangs des vainqueurs, ce que vous fîtes en effet après le 14 juillet. Le hasard seul, à la suite de cette journée à laquelle vous n'a-vez contribué en aucune manière, vous fit nommer commandant de la garde nationale de Paris; mais vous ne voulûtes entrer en fonctions qu'après y être auto-risé par Louis XVI, ce qui était très prudent en cas que le roi à son tour eût eu le dessus au moyen des provinces : on ne connaissait point encore le parti qu'elles prendraient.

La première chose à faire après le 14 juillet était d'abolir le système féodal qui accablait encore le peuple des campagnes. Vous n'y pensâtes point non plus que l'Assemblée nationale, et ce mons-trueux système aurait continué malgré la révolution du 14 juillet, si le peuple des campagnes, imitant celui de Paris, n'avait pris les Bastilles qui le mena-çaient, c'est-à-dire les châteaux des seigneurs féodaux. Les nobles, avertis par l'incendie de leurs an-ciennes forteresses, pensèrent que pour conserver ce qui pouvait être regardé comme leur appar-tenant justement, il fallait abandonner, maintenant qu'ils cessaient d'être les plus forts, des droits qui n'avaient d'autre origine que l'abus de la force, et eux-mêmes demandèrent dans l'Assemblée natio-nale l'abolition du système féodal. Quoique tar-dive et forcée, cette démarche qui, exécutée, aurait prévenu de nouveaux désordres, était favorable à la cause du peuple et de la liberté. Vous ne joignîtes point votre voix à celle de vos collègues. Pourquoi ?

Les détails renfermés dans les *Mémoires de Bailly*, t. 2, p. 107, sur l'horrible assassinat commis sur Foulon et Berthier le 22 juillet, sont-ils vrais ? S'ils le sont, non-seulement il y eut négligence et impéritie dans les dispositions que vous prîtes pour leur sûreté ; mais un de vos inférieurs ayant fait ce que vous auriez dû faire, par un amour-propre déplacé, vous annullâtes tous ses mesures, vous renvoyâtes les troupes qu'il avait fait venir sur l'Hôtel-de-Ville, aussi se trouva-t-il sans défense, et ces deux malheureux furent égorgés sans être secourus. Cependant vous saviez dès le 20 que leur vie était menacée ; vous aviez répondu à l'Assemblée nationale, qui voulait adresser une proclamation au peuple, que l'ordre ne serait point troublé ; vous ne montrâtes aucune espèce de courage, de vigueur, lorsque des cannibales vous présentèrent le cœur de Berthier, et pourtant ces atrocités non réprimées nuisaient beaucoup à la cause de la liberté.

Dans le mois de septembre 1789, le roi n'avait point sanctionné les décrets de l'Assemblée nationale qui abolissaient le système féodal, de sorte que ces décrets n'étant encore que de simples projets et non des lois, là où les seigneurs ne craignaient point que leurs châteaux fussent brûlés, ils exigeaient les droits féodaux, et les juges condamnaient ceux qui se refusaient à les acquitter. Les intentions contre-révolutionnaires de Louis XVI étaient donc bien évidentes par ce refus de sanction ; elles l'étaient encore par toutes les mesures que prenait la cour pour opérer la contre-révolution. (*Mémoires de Ferrières*, t. 1, p. 264 et suivantes.)

Ce fut à cette époque que les gardes françaises, qui étaient un des corps attachés particulièrement à la garde du roi, vous demandèrent à reprendre leur service auprès de Louis XVI, service qui avait cessé depuis le 14 juillet seulement. Les gardes françaises, en passant du côté du peuple dans cette journée décisive, en avait assuré le succès, et par conséquent celui de la révolution. Ils contribuèrent puissamment à la prise de la Bastille; mais, aussi généreux que braves, ils exposèrent leur vie pour sauver celles des soldats qui avaient tiré sur le peuple, des remparts de cette forteresse. On était donc bien sûr que ce n'étaient point de lâches assassins, et les empêcher de reprendre leur service était les punir de la part qu'ils avaient prise à la révolution. Leur proposition aurait dû être acceptée par vous avec d'autant plus de plaisir que, par leur présence à Versailles, ils auraient empêché, en les rendant impossibles, que Louis XVI se laissât entraîner à des démarches contre-révolutionnaires; les orgies des gardes-du-corps, des 1er et 2 octobre, n'auraient pas eu lieu; la nation n'aurait pas eu besoin, par les journées des 5 et 6 octobre, de déjouer les projets de la cour.; Louis XVI n'eût point été amené captif à Paris; il aurait fini par s'habituer au régime constitutionnel, et les malheurs de la révolution auraient pu être évités. Vous écrivîtes au ministre contre-révolutionnaire St-Priest, pour le prévenir du projet des gardes françaises, et vous lui conseillâtes de faire venir à Versailles le régiment de Flandres. (*Mémoires de Bailly*, t. 3, p. 16.) Ce fut d'après votre lettre que la municipalité de Versailles, qui jusque-là s'y était opposée, consentit à laisser entrer ce régiment, *qui portait la cocarde blanche*, et le marquis de Ferrières dit de lui (t. 1ᵉʳ, p. 275) : « Il s'était bien conduit jusqu'alors; *il avait même refusé de prêter le serment* (à la nation).

A la même époque, la compagnie soldée des Jacobins St-Dominique vous écrit *qu'elle obéira aveuglément à vos ordres ;* vous fûtes l'en remercier, etc., etc.

En rapprochant ces circonstances, surtout celle de l'éloignement des gardes françaises de Versailles, et de leur remplacement par un régiment à cocarde blanche et qui avait refusé de prêter le serment national ; en rapprochant, dis-je, ces circonstances de votre refus obstiné, pendant huit heures, de conduire à Versailles la garde nationale spontanément réunie, pour mettre un frein aux démarches hostiles des gardes-du-corps, du régiment de Flandres, des dragons, etc., et pour faire sanctionner les décrets qui abolissaient le régime féodal, l'impartiale postérité jugera peut-être que vous vous entendiez avec la cour, non pas sans doute pour opérer une contre-révolution complète, mais une quasi contre-révolution ; mais ce premier pas de fait contre la volonté nationale, aurait permis de remonter jusqu'en 1788. Ce n'est que par cette connivence avec la cour qu'il semble possible d'expliquer votre refus si longtemps prolongé, de conduire les Parisiens à Versailles, pour qu'ils exprimâssent avec fermeté leur dessein de maintenir la révolution, et ce n'était point la populace qui vous en pressait, mais la garde nationale ; ce ne fut que lorsque ses prières se changèrent, pour ainsi dire, en ordres, que vous fîtes demander à la municipalité une autorisation qui sauvât les apparences de la violence qu'on vous faisait, et en la recevant vous ne sûtes pas cacher les impressions que vous en éprouvâtes. Voici comment le *Moniteur* n° 70, parle de vous dans ce moment-là : « Le général pâlit, et promenant un regard doulou- » reux sur les nombreux bataillons qui l'investissaient, » donne l'ordre du départ. Un cri de joie universel » fait retentir les airs. »

Sans votre étrange refus, vous pouviez être à Versailles huit heures plutôt, et alors on n'aurait pas eu à déplorer les assassinats qui souillèrent cette manifestation de l'opinion publique, manifestation nécessitée par les scènes contre-révolutionnaires des 1er et 2 octobre.

Tous ceux qui réfléchiront mûrement sur cette époque de votre vie politique, la trouveront bien louche : c'est à vous de l'éclaircir.

Après les journées des 5 et 6 octobre, le roi remit pour ainsi dire son pouvoir entre vos mains. Vous ne fîtes point poursuivre ceux qui avaient réellement commencé la contre-révolution les 1er et 2 octobre ; mais en exilant le duc d'Orléans et en faisant mettre en accusation Mirabeau, vous fîtes faire le procès aux journées des 5 et 6 octobre. Tout le monde vous aurait approuvé si vous aviez fait traduire devant les tribunaux les monstres qui coupèrent des têtes, et il était bien facile de les reconnaître, puisqu'ils les portèrent au bout de piques et sous vos yeux, de Versailles à Paris. Mais c'est l'opinion qui avait présidé aux 5 et 6 octobre que vous faisiez poursuivre (*Mémoires de Ferrières*, t. 2, p. 79; *Mémoires de Montlosier*, t. 2, p. 17, 18, 19, 20), et vous laissâtes de côté d'infâmes assassins.

Le comte d'Estaing, dans une lettre adressée à la reine le 7 octobre, dit de vous : « M. de Lafayette » m'a juré en route, et je le crois, que ces atroci- » tés avaient fait de lui un royaliste »; et il conseillait à la reine de vous accorder toute sa confiance, l'assurant que vous en étiez digne. (*Moniteur*, n° 72.)

Et en disant à d'Estaing que vous étiez devenu un royaliste, on ne peut pas entendre royaliste constitutionnel, vous aviez prouvé le 5 que vous l'étiez déjà, et même très attaché à Louis XVI ; car des députés de la garde nationale (*Moniteur*), vous ayant dit que puisque le roi voulait détruire la constitution, on le remplacerait par son fils, en nommant un conseil de régence, et que tout n'en irait que mieux, vous leur parlâtes fortement contre ce projet, qui était cependant une excellente manière d'en finir avec cette cour contre-révolutionnaire dont Louis XVI était l'instrument.

A la même époque vous gênâtes autant qu'il vous fut possible la liberté de la presse. Le n° 15, pag. 7

et 8, des *Révolutions de Paris*, par Prudhomme,
rapporte la copie d'un procès-verbal, et c'est-là une
preuve très authentique, de la saisie de plusieurs
numéros de son journal, quoiqu'ils eussent l'approbation de la municipalité, et que les colporteurs qui
les vendaient ne les criâssent point. Ce procès-verbal
prouve que c'était d'après vos ordres que se faisaient
ces saisies, quoique cette partie des fonctions admi-
nistratives fut entièrement étrangère à la place que
vous occupiez. (On voit d'après les *Mémoires de
Bailly*, qu'il se plaignait souvent de votre usurpation
des fonctions municipales). A cette époque le journal
de Prudhomme se prononçait très fortement contre
les atrocités commises ; il ne parlait de Louis XVI
qu'avec décence, respect et même amour. Mais en
vous voyant persécuter les vainqueurs de la Bastille
et favoriser les contre-révolutionnaires (il cite des
faits), il commençait à élever des doutes sur votre
patriotisme : vous lui répondîtes par des saisies illégales. Enfin de nombreux documens prouvent qu'à
cette époque vous fûtes le créateur du système du
juste milieu, si bien ressuscité maintenant par le gouvernement de celui que vous avez placé sur le trône.

Le 24 octobre, le président de l'Assemblée nationale dit : «Que s'étant rendu hier au soir chez le roi
» pour le supplier de sanctionner les décrets du 4
» août et du 5 octobre (qui abolissaient le régime
» féodal), S. M. avait promis de donner bientôt sa
» réponse. » (*Moniteur* du   ). Le 5 no-
vembre, l'Assemblée se plaint encore de la non-pu-

blication et de l'inexécution de ces décrets. L'horreur de Louis XVI pour la révolution continuait donc à se montrer, et cependant, à cette époque, la Belgique soulevée comme nous contre ses oppresseurs, nous ayant offert de faire cause commune avec nous dans la lutte dont la mauvaise volonté des rois nous menaçait, vous vîntes demander à l'Assemblée nationale *de s'en rapporter entièrement* aux sentimens bien connus du roi sur ce qui concernait la demande des Belges. L'Assemblée qui savait que vous étiez son conseil, son directeur, y consentit, et l'avant-garde de la liberté fut sacrifiée, et la contre-révolution triompha en Belgique. (*Moniteur du* 18 mars 90.) On voit que vous avez donné l'exemple à Casimir Périer d'abandonner nos alliés. Pourquoi agissiez-vous ainsi?

On vous a fait honneur de l'abolition des titres nobiliaires, quoique vous eussiez celui de marquis : le fait n'est point exact. Ce fut le député Lambel qui en fit la proposition; il était soutenu par les Lameth, vos adversaires déclarés, qui siégeaient alors tout-à-fait à la gauche. On va vous avertir de la démarche de vos rivaux en popularité; vous accourez, montez en toute hâte à la tribune et prononcez ce discours. (*Moniteur du* 21 juin 1790.) « La motion de » M. Lambel est tellement nécessaire, que je ne pense » pas qu'elle ait besoin d'être appuyée; mais si elle » en a besoin, j'annonce que je m'y joins de tout » mon cœur. » Ce discours si exigu prouve que vous n'étiez point préparé sur ce sujet, et que par conséquent vous ne pensiez point à demander l'abolition des titres. Du reste, l'essentiel pour le peuple était la destruction du régime féodal, et vous n'avez rien fait pour qu'il l'obtînt.

Au mois d'août 1790, c'est-à-dire, treize mois après le 14 juillet, le drapeau blanc était le seul qui fût arboré à Toulon, et sur les bâtimens de l'État dans tous les ports; les matelots s'insurgèrent, et alors seulement l'Assemblée nationale pensa à décréter que la marine porterait les couleurs nationales. Que fit le gouvernement chargé de l'exécution des décrets? il conserva le drapeau blanc, en faisant placer dans un coin, et d'une manière presqu'imperceptible, un écusson aux trois couleurs. L'horreur du gouvernement pour la révolution, représentée par le drapeau tricolore, était donc bien évidente; et comme c'était le gouvernement qui nommait les gouverneurs de province, les commandans des villes et des citadelles, les généraux, les colonels et les chefs des hautes administrations, il avait soin de ne choisir pour remplir ces places que d'ardens contre-révolutionnaires, et par leur moyen il essayait de faire la contre-révolution par les provinces, n'ayant point pu l'opérer par Versailles et Paris aux 1er et 2 octobre. Le peuple était donc obligé de faire dans les provinces comme avait fait la garde nationale à Paris les 5 et 6 octobre, de déjouer les projets des partisans de l'ancien régime. C'est ce qui arriva à Marseille.

Les deux frères de Louis XVI étaient auprès de leur beau-père le roi de Sardaigne, qui faisait des armemens considérables. La Provence vit qu'elle était menacée. Dans le même temps, les commandans des forts qui maîtrisaient Marseille faisaient placer des canons sur les remparts en les braquant sur la ville ; quelques mots indiscrets qu'ils prononcèrent vinrent confirmer les soupçons qu'ils inspiraient. La garde nationale s'empara sans effusion de sang de plusieurs de ces forts ; la municipalité intervint, et il fut convenu avec les autorités militaires que les garnisons des diverses forteresses seraient composées par égale portion de troupe de ligne et de garde nationale.

Le ministre Saint-Priest, le même qui avait organisé les journées des 1er et 2 octobre, dénonça ces faits à l'Assemblée nationale, en les traitant de rébellion, et en demandant qu'on sévît d'une manière exemplaire contre Marseille et sa municipalité, et que tout y fût remis dans l'état primitif. Vous apuyâtes avec force les propositions du ministre, ce qui n'est pas étonnant, car, comme le fit sentir Mirabeau, il y avait identité entre la journée du 3o avril à Marseille et les journées des 5 et 6 octobre à Paris. (*Moniteur* du 13 mai 1790.)

Heureusement l'Assemblée sut résister à votre influence, et elle ajourna sa décision, qui, plus tard, fut favorable à la municipalité de Marseille. Mais vous fûtes plus heureux dans une autre circonstance arrivée quelques mois après, dans l'affaire de Nancy (en août 1790), et le sang français coula en abondance, et la contre-révolution eut de grandes chances de succès.

En leur qualité de roturiers , la plupart des soldats
et sous-officiers étaient pour la révolution ; leurs
chefs , presque tous nobles , lui étaient opposés. Le
marquis de Ferrières, ultra-royaliste mais honnête
homme : dit lui-même (t. 2. p. 101.) « Les aristo-
» crates travaillaient à augmenter le désordre *et ache-*
» *vaient de désorganiser l'armée :* ordonnant aux
» officiers d'user envers les soldats, tantôt d'une in-
» dulgence coupable , tantôt d'une sévérité outrée ,
» afin de les dégoûter du service et d'opérer une dé-
» sertion générale avant l'établissement du nouveau
» code militaire. »

Plus de quarante mille soldats , des meilleurs et
des plus dévoués à la cause de la liberté , furent ren-
voyés du service par les chefs , qui leur donnèrent
des cartouches jaunes , ce qui était un déshonneur.
Malgré les plaintes réitérées des soldats et des municipalités patriotes témoins de ces vexations , l'Assemblée nationale ne fit rien pour y porter remède ;
elle se contenta de déclarer que les cartouches jaunes
ne seraient plus une marque d'infamie, comme si un
décret pouvait changer toutes les idées à cet égard,
et comme s'il remédiait au très grand inconvénient
de voir l'armée s'affaiblir de jour en jour.

Le marquis de Bouillé était le gouverneur de la
province où se trouvait Nancy ; il était bien connu
pour un ennemi acharné de la révolution, et tellement, que pendant long-temps il n'avait point voulu
prêter le serment civique ; et la manière dont il s'y
était pris pour éviter de le faire , tout en conservant

son commandement, prouvait assez qu'il savait mettre en pratique les maximes jésuitiques : il préten-
dait que les inférieurs seuls devaient prêter le serment et non pas les chefs.

C'est dans cette situation des choses que ce marquis de Bouillé et la haute administration de Nancy nommée par le roi, dénoncèrent la garnison de
cette ville comme étant en rebellion.

Le ministre de la guerre, Latour-du-Pin, qui fit
cette dénonciation, dit à l'Assemblée (*Moniteur* du
7 août) : « La nature des choses, celle des circons-
» tances, le salut public, exigent *que les soldats*
» *n'agissent que comme des instrumens, qu'ils*
» *soient sans volonté...* Vous n'avez pas eu encore
» le temps de vous occuper du nouveau code mili-
» taire : *rendez la force à l'ancien...* Que le sol-
» dat séditieux tremble devant ces conseils de guerre
» (composés de contre-révolutionnaires), qui pen-
» dant si longtemps l'ont retenu dans la subordina-
» tion, dans la discipline et dans l'amour du de-
» voir. »

Les régimens qui composaient la garnison de
Nancy étaient bien coupables aux yeux du ministre
et des contre-révolutionnaires, car ne se regardant
point comme des instrumens, ils avaient eu une volonté le 14 juillet 89 ; ils avaient puissamment contribué à la révolution, en déclarant, à cette époque,
qu'ils ne tireraient point sur les citoyens (ils faisaient
partie de l'armée du maréchal de Broglie, qui entou-

rait Paris , et devait le réduire par la force , et dissoudre l'Assemblée nationale.)

Les soldats de ces régimens accusaient leurs officiers de leur faire des retenues illégales sur leur prêt, et ils en demandaient le remboursement; mais ils faisaient leur service comme à l'ordinaire , obéissant à leurs chefs comme avant leurs réclamations. C'est sur ces réclamations que fut bâtie l'accusation de rebellion. Les dénonciateurs de ces soldats patriotes , outre Bouillé, étaient la haute administration de Nancy, choisie par le roi parmi la haute bourgeoisie qui, ayant beaucoup perdu à la révolution, lui était en général très opposée , et qui par conséquent, ainsi que Bouillé, devait être très-suspecte aux yeux des vrais amis de la liberté. C'était donc bien le cas avant de prendre un parti de rigueur, de s'assurer de la vérité des faits; et cependant vous , Lafayette , sans autre information , vous appuyâtes de toute votre influence Bouillé et ceux qui le secondaient.

L'Assemblée nationale , sans discussion , et par un vote tout de confiance envers le ministère, avait rendu un décret le 16 août, pour faire rentrer dans le devoir les divers régimens qu'on lui représentait comme ayant enfreint les lois de la discipline. Le Gouvernement chargea de son exécution Bouillé, et vous, vous envoyez auprès de lui deux de vos aides-de-camp, en les chargeant d'une lettre que vous écriviez aux gardes nationales des départemens , pour les engager à seconder Bouillé.

Le 31 août on lit à l'Assemblée nationale une lettre de Bouillé, qui faisait part des mesures qu'il prenait contre Nancy (le peuple y appuyait la garnison); des députés de la garde nationale de cette ville se trouvaient à la séance et sont entendus : ils dévoilent les machinations des privilégiés pour faire commencer la guerre civile. Leur rapport circonstancié devait au moins mettre dans le doute, faire suspendre les mesures de rigueur, et cependant après l'avoir entendu, vous prononçâtes ce discours: « Je ne dirai qu'un mot dans cette question. *Les* » *informations qui sont ordonnées feront connaî-* » *tre les auteurs du trouble*; mais en ce moment » notre situation est délicate, c'est parce qu'elle est » délicate qu'un bon citoyen doit donner son avis » s'il en a formé un. Le mien est que M. Bouillé a » besoin du témoignage de l'approbation de l'Assem- » blée et qu'on doit le lui donner, etc. » (*Moniteur du* 1er septembre 90.)

Vous disiez : les informations qui seront prises feront connaître les auteurs du trouble; il fallait donc suspendre l'approbation donnée aux mesures de Bouillé, et qui étaient toutes hostiles contre Nancy, jusqu'au moment où l'on connaîtrait les auteurs du trouble, d'autant plus que les députés de la garde nationale de cette ville avaient donné des indications qui pouvaient faire croire que ces auteurs de troubles étaient les contre-révolutionnaires.

En voulant à toute force que l'Assemblée approuvât par avance les mesures de Bouillé, votre intention n'était-elle pas qu'elle se trouvât contrainte, par amour-propre et pour n'avoir pas l'air de se condamner elle-même, de continuer à approuver la manière dont Bouillé se conduisait à l'instant même, et vous étiez instruit par vos aides-de-camp qu'une attaque contre Nancy devait avoir lieu au moment même où l'on discutait ce décret; ainsi votre persistance à vouloir qu'il fût rendu ne pouvait avoir d'autre but que de lier par avance l'Assemblée nationale à la cause de Bouillé, car il ne pouvait avoir aucun effet sur les mesures que prendrait celui-ci, puisqu'il agissait au même moment où ce décret était discuté.

Voici quelques phrases du rapport fait par le comte de Sillery, au nom des comités militaires, des rapports et des recherches réunis. (*Moniteur* des 8 et 9 décembre 1790.) « La cocarde nationale (à
» l'époque de l'arrivée des commissaires) y était
» proscrite; les gardes nationales se tenaient cachées;
» la municipalité était triomphante, ne parlait que
» des dangers qu'elle avait courus, et voulait justifier
» la coupable inertie qu'elle avait montrée dans les
» momens périlleux. Tous les amis de la constitu-
» tion traités comme fauteurs de désordre; l'enlève-
» ment de leurs papiers, et la dissolution de leur
» assemblée injustement ordonnée; les meilleurs ci-
» toyens de la ville décrétés; les juges ne trouvant
» de complots que dans les amis de la liberté, et pro-
» posant, de concert avec les corps administratifs,
» qu'on leur attribuât le pouvoir de juger en dernier

» ressort, pour mettre le complément au désespoir
» des bons citoyens. En un mot, Nancy était, à
» l'arrivée de MM. les commissaires du roi, *dans cet*
» *état avilissant où elle se serait trouvée au mo-*
» *ment d'une contre-révolution opérée...* »

Les mêmes documens prouvent que les autorités
supérieures de Nancy firent tout pour faire croire
aux soldats et aux gardes nationaux qu'ils avaient le
droit de se défendre, prétendant que c'était malgré
elles et illégalement que Bouillé marchait sur Nancy,
et dans le même instant elles s'entendaient avec ce
général, qui avait d'abord proposé des conditions aux
députés de la garnison, qui les accepta ; alors Bouillé
imposa des conditions plus dures ; elle s'y confor-
mait cependant, quand, voulant à tout prix qu'il y
eût du sang versé, il fit, par un malentendu, attaquer par son avant-garde un restant de la garnison,
et alors toute sa troupe prit part à l'engagement.

A cette époque, comme maintenant, il y avait
dans la garde nationale et dans l'armée des ennemis
de la révolution, toujours prêts à marcher contre les
patriotes ; ce fut là le noyau de l'armée de Bouillé,
qui se trouva beaucoup augmentée par les crédules,
les irréfléchis qui furent entraînés par votre lettre
et par vos aides-de-camp.

Madame de Staël, dans ses *Considérations sur la*
Révolution française, dit (t. 1 ᵉ, p. 386) : « L'af-
» faire de Nancy donna de fausses espérances à la
» cour ; elle imagina, et M. de Bouillé ne manqua
» pas de l'entretenir dans cette illusion, qu'une grande

» partie de l'armée ne demandait pas mieux que de
» rendre au roi son ancien pouvoir. »

Lorsque la vérité fut connue, l'Assemblée nationale rapporta son décret; mais il n'était plus temps,
le sang avait coulé.

Pour vous, en vous rendant garant de la vérité des
faits, vous fûtes cause que l'Assemblée nationale
vota des remercîmens à Bouillé, et ensuite vous fîtes
tout pour que la garde nationale de Paris complimentât
les gardes nationaux qui avaient secondé ce général
contre-révolutionnaire.

Un mois après l'affaire de Nancy, les députés que
la garnison de cette ville, en vertu du décret du
6 août, avait envoyés auprès de l'Assemblée pour
faire entendre ses plaintes, mais qui, au lieu de lui
être présentés, *furent arrêtés par vous*, et jetés
dans des cachots sur l'ordre du ministre de la guerre,
quoiqu'ils eussent leur congé en bonne forme et des
passeports de la municipalité; ces députés, dis-je,
nouvellement sortis de prison, se rendirent à une
fête funèbre au Champ-de-Mars; ils étaient au milieu des vétérans, le peuple les applaudit; vous arrivez, et vous envoyez un de vos aides-de-camp (Pecheleche) qui va leur dire : « Votre habit déplaît,
» votre présence offusque, votre nom choque; reti
» rez-vous : c'est l'ordre du général. (*Révolutions de
Paris*, n⁰ 59, p. 334 et n⁰ 64, p. 599.) Ainsi, jusqu'au
bout, vous persistâtes à faire cause commune avec votre
cousin Bouillé, et à montrer que vous approuviez un
mouvement contre-révolutionnaire. Ce que l'on peut

dire de plus favorable en votre faveur, c'est que dans cette affaire comme dans celles de Marseille, de la Belgique et des scènes des 1er et 2 octobre, vous étiez dans l'erreur, vous étiez trompé par la cour. Mais vous devriez, pour mettre vos intentions à l'abri du doute, faire au moins connaître les raisons un peu plausibles qui ont pu faire naître votre erreur et l'entretenir si longtemps, car une phrase de Mme de Staël dans ses *Considérations sur la Révolution*, pourrait donner la clef de bien des actions ; elle dit (t. 2., p. 122 et 123) : « Les royalistes constitution- » nels eux-mêmes étaient assez insensés pour désirer » le triomphe des royalistes, afin d'être ainsi vengés » des républicains. »

Arrivons au massacre du Champ-de-Mars le 17 juillet 1791, et d'abord parlons brièvement de la fuite du roi.

Le marquis de Ferrières, et je le cite de préférence, puisque, ennemi de la révolution, son témoignage n'est point suspect, dit dans ses Mémoires (t. 2., p. 331) : « Quelques jours avant sa fuite, le » roi écrivit à l'Assemblée pour se plaindre de ce que » des journalistes osaient avancer qu'il avait le projet » de s'évader de Paris... Il protestait de la pureté et » de la sincérité de ses intentions, assurant qu'il avait » juré la constitution, qu'il serait fidèle à son serment » et qu'il la maintiendrait de tout son pouvoir. »

Ce fut le 21 juin que le roi prit la fuite avec sa famille ; il laissa une lettre entièrement écrite par lui, adressée à l'Assemblée nationale, et qui lui fut remise le lendemain par un ministre. Dans cette lettre Louis XVI protestait contre tout ce qui avait été fait depuis la révolution, contre son acceptation de la constitution, se fondant sur sa captivité depuis le 5 octobre 1789, et l'on voyait qu'il pensait que ses sermens ne l'engageaient à rien, parce qu'en les prêtant il n'avait point l'intention de les tenir. La valeur des nouveaux sermens que pourrait prêter Louis XVI était donc bien connue.

L'Assemblée nationale dans cette circonstance, redevint ce qu'elle avait été au commencement de la révolution ; mais malheureusement ce ne fut que pour un seul jour ; elle détrôna réellement Louis XVI, en s'attribuant le pouvoir exécutif et en décrétant un serment par lequel tous les Français s'engageaient à ne plus reconnaître les ordres de ce prince, et à l'arrêter partout où on le trouverait. « Ainsi, en moins » de quatre heures, dit Ferrières (t. 2., p. 347 » et 348), l'Assemblée se vit investie de tous les » pouvoirs ; le gouvernement marcha, *la tranquillité* » *publique n'éprouva point le moindre choc* ; les » ouvriers s'occupèrent de leurs travaux accoutu- » més ; les affaires s'expédièrent avec la même célé- » rité que si le roi eût été aux Tuileries ; les car- » rosses roulèrent, les spectacles furent ouverts ; il » se fit même une adjudication d'un bien du clergé » fort au-dessus de son estimation ; (et page 350) on » brisa les armes, on effaça le nom du roi et de la » reine de toutes les enseignes, de toutes les affiches » de spectacle. Cette opération se fit avec un calme,

» *un ordre* qui semblaient le fruit de la réflexion et
» *du parti décidé de ne point vouloir de roi, ou*
» *du moins de ne plus vouloir de Louis XVI*
» *pour roi.* »

Le roi fut arrêté à Varennes malgré ses ordres très
formels et prononcés par lui-même, pour qu'on lui
laissât continuer son voyage. L'Assemblée nationale
ordonna qu'il fût contraint de revenir à Paris. Dans
le trajet de Varennes à la capitale : « Une foule in-
» nombrable de peuple (*Mémoires de Ferrières*,
» t. 2., p. 375) accouru de toutes parts, augmen-
» tait encore la lenteur de la marche. La contenance
» de ce peuple était fière et même insolente. Les cris
» de Vive la Nation! Vive la Liberté! Vivre libre
» ou mourir! retentissaient sans cesse autour des
» voitures. Il s'y mêlait des huées, des allusions
» grossières. Ceux qui pouvaient s'approcher de la
» voiture, saluaient Pétion, Barnave, s'entretenaient
» avec eux, sans jamais regarder ni adresser la parole
» au roi ni à la reine. »

Ils arrivèrent aux barrières de Paris le 25 juin.
« Tous les bourgeois (mêmes Mémoires, t. 2.,
» p. 378.) irrités d'une démarche qui avait exposé
» Paris au pillage, et le royaume aux horreurs d'une
» guerre civile, exprimaient en termes énergiques
» leur indignation. La reine s'évanouit..... Le peu-
» ple gardait un profond silence : il voyait passer
» Louis XVI sans éprouver le moindre sentiment
» de pitié. Les gardes nationales criaient : enfoncez
» vos chapeaux, restez couverts, *il va paraître de-*

» *vant ses juges !* Cependant Louis XVI n'essuya
» aucune insulte personnelle. On avait placardé le
» matin au faubourg Saint-Antoine : Quiconque ap-
» plaudira le roi, sera bâtonné ; quiconque l'insultera
» sera pendu ! »

Par toute la France, l'immense majorité des citoyens exprima les mêmes sentimens que le peuple de
Paris et celui accouru sur la route de Varennes à la
capitale. Jamais la déchéance d'un roi ne fut prononcée d'une manière plus précise, plus formelle, plus
unanime, que celle de Louis XVI à cette époque.
L'Assemblée nationale, dans ces jours de grandeur
et d'abnégation d'esprit de coterie, comprit la voix
du peuple, exécuta l'arrêt qu'il prononçait, en ordonnant que Louis XVI serait emprisonné dans les
Tuileries, et que les ministres continueraient à ne
recevoir des ordres que d'elle seule. Les ministres
n'étaient point mis en jugement, ainsi c'était bien au
coupable qu'on s'adressait directement. Le pouvoir
constitutionnel de Louis XVI, qui reposait sur la res-
ponsabilité des ministres, et sur ce que ne pouvant
point mal faire, il ne pouvait jamais être poursuivi,
n'existait donc plus : il n'était plus roi, il était
déchu.

Voyons si la suite dut faire changer l'opinion publique, la volonté nationale sur le sort réservé à
Louis XVI.

« La nouvelle de l'évasion du roi avait répandu
» une folle joie à Bruxelles (*Mémoires de Fer-*
» *rières*, t. 2., p. 384)... *Ils (les émigrés) ne dou-*

» *taient pas que Paris ne fût inondé de sang...* On
» prépara des fêtes superbes dans l'attente du cour-
» rier qui venait annoncer que Louis XVI venait de
» franchir heureusement les frontières... (p. 386) Les
» nobles et les prêtres des départemens se condui-
» sirent encore avec plus d'imprudence ; tous cru-
» rent la contre-révolution faite.... les uns formè-
» rent des rassemblemens dans leurs châteaux, les
» autres, sans attendre des détails ultérieurs, se mi-
› rent en chemin pour rejoindre le roi... Un grand
» nombre d'officiers abandonnèrent leurs corps, em-
» portant leurs drapeaux, *quelquefois même la caisse*
» *militaire*, s'efforçant avant de partir, de débander
» leurs soldats ; mais ce fut sans succès.... (p. 394) Il
(Bouillé qui favorisait la fuite du roi, dans la lettre
qu'il écrivit à l'Assemblée nationale) « Il avouait
» gauchement *que Louis XVI avait l'intention de*
» *dissoudre l'Assemblée nationale en convoquant*
» *de nouveaux États-Généraux...* » A la fin de
juin, Bouillé écrit une lettre circulaire aux régimens
de la garnison de Metz (ceux qui l'avaient secondé
dans le massacre de Nancy ; c'est vers eux qu'allait
Louis XVI), pour les engager à déserter... (p. 413)
« Mgr. le comte d'Artois a de pleins pouvoirs du roi
» (disait-il), et est autorisé à vous continuer vos
» grades et votre solde..... (p. 414) Ainsi, tandis
» que les émigrés (au commencement de juillet)
» s'agitaient au-dehors, les contre-révolutionnaires de
» l'intérieur ne demeuraient pas oisifs. Il y avait à
» Paris et dans les principales villes de province des

» bureaux pour hâter l'émigration..... (p. 426) Per-
» sonne ne doutait que Louis XVI n'eût eu des intentions hostiles; *qu'il ne se fût coalisé avec M. de*
» *Bouillé et les puissances étrangères : sa décla-*
» *ration était une pièce de conviction à laquelle il*
» *n'y avait rien à répondre.* »

Le peuple, avec son gros bon sens, jugeait qu'il
était impossible que la révolution se maintînt, si son
sort était remis entre les mains de celui qui voulait
la détruire, qui avait le plus grand intérêt à ce qu'elle
le fût. Le peuple comprenait qu'il devait nécessairement succomber dans la lutte qu'il aurait à soutenir
contre les étrangers, les émigrés et les contre-révolutionnaires de l'intérieur, s'il chargeait du soin de
les vaincre, précisément celui qui était leur chef,
qui mettait tout son espoir dans leurs succès. Il sen-
tait aussi à quel péril on exposait par-là ceux qui s'é-
taient réellement compromis en prenant la Bastille,
en déjouant les complots contre-révolutionnaires des
1er et 2 octobre, de Marseille, de Nancy, etc., etc.
Ceux enfin qui à l'instant même avaient arrêté le roi,
l'avaient forcé à revenir à Paris; ceux qui avaient
pris l'initiative en apprenant sa fuite, pour faire
déclarer qu'on ne reconnaîtrait plus ses ordres, mais
seulement ceux de l'Assemblée nationale; elle recevait
de toutes les parties de la France de nombreuses adres-
ses où on lui déclarait, qu'on regardait Louis XVI
comme déchu de sa couronne depuis sa forfaiture,
c'était le mot généralement employé. L'opinion publique, la volonté nationale étaient donc bien évi-

dentes; la déchéance était le vœu de l'immense majorité des Français, dont le jugement n'étant faussé par aucun intérêt privé, comprenait fort bien que si le roi avant son arrestation à Varennes, avait en horreur la révolution et voulait à toute force la détruire, à plus forte raison, depuis cette époque, il devait avoir ces sentimens et poussés à l'extrême. Sa captivité et celle de la reine étaient des plus dures. Vous alliez souvent vous assurer qu'ils étaient dans leurs lits. Par votre ordre, la porte de la chambre de la reine devait toujours être ouverte, et un officier était sans cesse dans une pièce attenante, de manière à voir continuellement ce qui se passait dans la chambre de Marie-Antoinette, qui éprouvait ainsi le supplice affreux pour quelque femme que ce soit, de n'être jamais réellement seule, de n'avoir jamais un moment d'entière liberté. Comme époux, comme roi si longtemps absolu, Louis XVI devait ressentir violemment les vexations inquisitoriales qu'il éprouvait lui même, mais surtout celles qu'on faisait subir à la reine. Celle-ci fière, altière à l'excès, ressentait avec encore plus de force les outrages dont on les abreuvait, et l'on savait que Louis XVI n'avait d'autres pensées, d'autres sentimens, d'autres volontés, que les pensées, les sentimens et les volontés de la reine. Le peuple, avec son instinct si plein de bon sens, de raison, comprenait qu'elle ne se servirait du pouvoir qu'on remettrait entre les mains de son époux, que pour détruire la révolution et se venger. Le peuple confiant dans l'Assemblée natio—

nale était d'abord loin de croire qu'elle l'exposerait à ce péril.

Cette Assemblée, sublime de courage et de patriotisme le 21 juin, recommença peu de jours après à se traîner dans l'ornière du juste milieu, où l'avaient conduite des hommes à vue courte ou à perfides intentions, des intrigans et des vaniteux dont l'amour-propre était blessé par le dédain que leur témoignait le peuple, ou par les soupçons qu'ils faisaient planer sur eux.

Le 25 juin, les membres de cette Assemblée annullèrent les élections commencées par toute la France pour nommer leurs successeurs, et les suspendirent indéfiniment. Ils auraient bien agi s'ils avaient déclaré nulles les élections déjà faites, et si en même-temps ils avaient fait procéder à des élections générales, en déclarant que les représentans ainsi nommés auraient la mission expresse, ou d'approuver la déchéance de Louis XVI, réellement prononcée le 21 juin, ou de replacer sur sa tête la couronne que sa captivité lui avait fait perdre.

Le peuple ayant su que dans les conciliabules tenus entre la cour, vous et les Lameth, avec lesquels vous veniez de vous raccommoder, il était question de remettre le pouvoir à Louis XVI, prépara une pétition pour demander que cela ne pût avoir lieu que d'après le consentement de la nation légalement consultée. L'avant-veille du jour où cette pétition devait être signée, les centres, dont vous et les Lameth vous étiez les chefs, réunis aux ultra-royalistes, es-camotèrent un décret, le 15 juillet, qui rendait le pouvoir à Louis XVI.

« Le décret du 15 juillet causa la plus grande fer-
» mentation dans Paris ; les spectacles sont fer-
» més, etc. » (*Ferrières*, t. 2. p. 463 et suiv.)

D'après la loi sur les municipalités, art. 51, des ci-toyens non armés, en quelque nombre qu'ils fussent, avaient le droit de se réunir et de faire des pétitions à l'Assemblée, pourvu qu'ils eussent prévenu vingt-quatre heures d'avance la municipalité. Les pétion-naires du Champ-de-Mars s'étaient conformés à la loi, ils avaient prévenu la municipalité, et avaient reçu du procureur de la commune l'accusé de leur demande faite le 16 juillet. Ils pensèrent que le dé-cret nocturne de l'Assemblée ne leur ôtait pas le droit qu'ils tenaient de la loi, et le 17 juillet 1791, ils la signaient sur l'autel de la patrie, au Champ-de-Mars, entourés d'un grand nombre de femmes, d'en-fans qui dansaient et chantaient des chansons patrio-tiques, lorsque vous vîntes les faire fusiller (c'était un dimanche). Voici de quel prétexte, vous et Bailly, d'accord avec les centres et le côté droit de l'As-semblée, vous vous servîtes pour accomplir vos pro-jets d'imposer à la nation par la terreur.

Les pétitionnaires avaient annoncé qu'ils ne se rendraient qu'à midi au Champ-de-Mars, pour signer leur pétition. De grand matin, deux particuliers sont trouvés par un rassemblement sous l'autel de la pa-trie. On les conduisait chez un magistrat, lorsqu'à huit heures du matin ils sont égorgés au Gros-Caillou, au moins à un quart de lieue du Champ-de-Mars.

Accompagné d'un bataillon de la garde nationale et de commissaires de la commune, ayant le droit de proclamer la loi martiale, vous arrivâtes dans le temps où les têtes de ces malheureux étaient promenées au bout de deux piques. Vous ne demandâtes point que la loi martiale fût proclamée, vous ne fîtes point tirer sur ce rassemblement de brigands, et cependant vous auriez pu espérer que les balles auraient atteint les assassins, ou au moins bien certainement leurs complices. La garde nationale saisit un des assassins et elle le laissa échapper ensuite, quoique le rassemblement ne fît rien pour le délivrer.

Le hasard fit que les commissaires de la municipalité furent un instant séparés de vous, et ce fut précisément dans ce moment-là qu'un homme essaya de vous tirer un coup de fusil à bout portant. Le fusil ne fit pas feu, ce soldat fut arrêté et conduit au comité, d'où vous le fîtes mettre en liberté. Ainsi dans l'instant où l'assassinat du Gros-Caillou devait faire redoubler de sévérité contre les assassins, vous faites mettre en liberté un homme pris en flagrant délit, au mépris de la loi qui le mettait sous la main de la justice. Par cette action, si c'était un véritable assassin, et non point un compère, vous le mettiez à même de recommencer ses crimes. Après sa condamnation, si vous aviez sollicité sa grâce, il y aurait eu grandeur d'âme, mais comme dans la même journée vous avez fait fusiller les pétitionnaires du Champ-de-Mars, sous le prétexte des assassinats commis douze heures avant au Gros-Caillou, cela explique votre conduite avec cet assassin prétendu. Pour décider une partie de la garde nationale et la troupe de ligne à tirer sur le peuple, n'aviez-vous point fait répandre le bruit que vous aviez couru un grand danger, afin d'enflammer leur esprit?

Les commissaires de la municipalité qui étaient avec vous, se trouvaient chargés de vérifier ce qui se passait au Gros-Caillou, au Champ-de-Mars; ils envoyaient fréquemment des courriers à la municipalité pour l'instruire de ce qu'ils voyaient. Voici quelques phrases de leur rapport; tout le reste est dans le même sens. (Voir ce rapport dans les *Mémoires de Bailly*, t. 1, p. 418) « Les députés (des signa-
» taires de la pétition) nous ont engagés à les accom-
» pagner sur l'autel de la patrie... *et ne nous ont*
» *donné que des marques de soumission à la loi et*
» *à ses organes... Dans toutes nos démarches nous*
» *nous sommes concertés avec le général La-*
» *fayette... Quelle a été notre surprise en arrivant*
» *sur la place de l'Hôtel-de-Ville, d'apprendre*
» *qu'on y proclamait la loi martiale!* M. Leroux
» (l'un des commissaires) était resté sur la place; il
» a prié deux officiers municipaux de suspendre la
» proclamation jusqu'à ce qu'ils aient été entendus
» au corps municipal. Comme il entrait dans la salle
» du conseil, M. Hardy (autre commissaire) ache-
» vait son récit. Un membre demanda la parole en-

» suite. Lorsque M. Leroux voulut la prendre, on
» lui représenta que l'arrêté était pris. *Il observa*
» *que la malheureuse affaire qui avait fini par*
» *l'assassinat de deux hommes, était tout-à-fait*
» *distincte de celle des ressemblemens des citoyens*
» *qui n'avaient en rien, à leurs yeux, manqué à*
» *la loi...* Le corps municipal leva la séance.

» Tel est le récit de ce que nous avons fait. *Nous*
» *demandons que le corps municipal veuille bien*
» *prendre un arrêté qui constate que celui qu'il*
» *avait pris relativement à la loi martiale, est*
» *antérieur à notre retour.* » Suivent les signatures.

Il faut bien remarquer deux choses, d'abord que
ces commissaires, dans leur rapport, disent qu'ils
envoyaient des courriers à la municipalité pour lui
faire part de ce qu'ils voyaient, et ensuite que la
municipalité avait envoyé deux de ses membres
dans le quartier de la Bastille, et par conséquent
dans le faubourg St-Antoine; voici ce qu'ils décla-
rent à leur retour (*Mémoires de Bailly*) :

« Que tout était tranquille; qu'il n'y avait dans
» cette partie de la capitale aucun rassemblement, et
» qu'il ne semblait pas *que la municipalité dut avoir*
» *de plus longues inquiétudes sur les mouvemens*
» *dont on était menacé.* »

Maintenant voici quelques phrases de l'arrêté que
fit prendre Bailly, et qu'il fit maintenir après que les
divers rapports que nous venons de voir lui furent
faits; et il faut se rappeler que, deux jours aupara-
vant, le soir, on avait arrêté dans les groupes un

étranger qui distribuait de l'argent, et la municipalité l'avait fait relâcher. (*Moniteur* du 16 juillet, discours de M. Eymery.) Cependant dans cet arrêté, Bailly, pour montrer la nécessité de la loi martiale, répète souvent que des étrangers répandent de l'argent, etc

« L'attention du corps municipal était toujours fixée
» sur ce qui se passait au Gros—Caillou et au Champ-
» de-la-Fédération. Les courriers se succédaient,
» *les nouvelles devenaiemt plus inquiétantes, la*
» *tranquillité publique recevait à chaque instant de*
» *nouvelles atteintes.* »

« Le corps municipal, informé que des *factieux*
» réunis au Champ-de-la-Fédération (au Champ-de-
» Mars) mettent la tranquillité publique en péril,
» etc. » Les officiers municipaux qui en revenaient déclaraient tout le contraire.

« Qu'ils (ces officiers municipaux) avaient trouvé
» le Champ-de-la-Fédération et l'autel de la patrie
» couverts d'un grand nombre de personnes *de l'un*
» *et de l'autre sexe*, qui se disposaient à rédiger
» une pétition contre le décret du 15 de ce mois
» (une loi formelle le permettait ainsi que leur réu—
» nion); qu'ils leur avaient remontré que leur récla-
» mation et leurs démarches étaient contraires à la
» loi et tendaient évidemment à troubler l'ordre
» public. » (A l'instant même ces officiers municipaux disaient tout le contraire.) « Cet incident a donné
» lieu à la question si la partie de l'arrêté... qui por—
» tait que la municipalité se transporterait au Champ-
» de-la-Fédération, serait exécutée. »

Les officiers municipaux demandaient plus que cela ; ils demandaien¹ que la loi martiale ne fût point proclamée.

« Considérant, 3 *que tous les rapports qui lui » parviennent* annoncent une conjuration bien ca- » ractérisée contre la constitution et la patrie. » Nous avons vu que *tous les rapports* qu'il recevait des officiers municipaux assuraient tout le contraire. L'arrêté fut maintenu. Bailly et vous, suivis de plusieurs officiers municipaux, avec dix mille hommes à peu près de garde nationale, de troupes soldées et de l'artillerie, vous entrâtes dans le Champ-de-Mars. D'après le rapport de Bailly, des personnes *qui étaient sur les glacis* les accueillent à coups de pierres, montrent des bâtons, et l'une d'elle a tiré un coup de pistolet dirigé contre la municipalité, *et dont la balle, après avoir passé devant M. le maire,* a été percer la cuisse d'un dragon de la troupe de ligne.

Ces faits furent déclarés faux par ceux qui étaient au Champ-de-Mars ; mais, en les supposant vrais, ce qu'il y a de très certain, c'est qu'on ne fit aucun mal à ceux qui montraient des bâtons, etc., *et que, sans faire de sommation préalable,* on fit plusieurs décharges sur ceux qui étaient sur l'autel de la patrie et qui ne lançaient point de pierres.

Stanislas Girardin, l'un des membres les plus distingués du côté gauche, depuis 1819, dit dans ses Mémoires : « Qu'il était à dîner dans une maison » (t. 3, p. 110). Un des convives avait quitté la » table pour aller voir au Champ-de-Mars ce qui s'y

» passait ; il revint le cœur déchiré, la physionomie
» toute bouleversée ; on l'entoure, on l'interroge ;
» voilà ce qu'il nous dit : Arrivant au Champ-de-Mars
» après vous avoir quittés, j'y vois des danses et des
» jeux. Un groupe de trois à quatre mille personnes
» entourait l'autel de la patrie. On annonce que le
» drapeau rouge s'avance ; chacun s'apprête à se re-
» tirer au moment où la proclamation sera faite....
» et tout-à-coup on fait une décharge ; plusieurs
» personnes tombent à mes côtés, et la foule s'en-
» fuit saisie d'épouvante et d'horreur. »

On n'a point su au juste le nombre des morts et
des blessés ; ce qui n'est pas étonnant, puisque les
auteurs du massacre étaient ceux chargés de consta-
ter la quantité des victimes. Dans le temps, on porta
généralement leur nombre à plusieurs centaines ; mais
ce qu'il y eut de bien prouvé, c'est que parmi elles
se trouvaient des vieillards, des femmes, des enfans,
qui, comme les dimanches précédens, dansaient et
chantaient autour de l'autel de la patrie.

D'après la loi martiale, elle ne pouvait être proclamée que lorsqu'il existait des rassemblemens me-
naçans, et cependant elle resta en vigueur près d'un
mois encore, le drapeau rouge toujours suspendu à
l'Hôtel-de-Ville, quoiqu'à compter du massacre du
17 il n'y eût plus aucune espèce de rassemblement ;
mais on voulait à tout prix empêcher la signature de
la pétition, qui aurait r'ouvert la discussion sur la
déchéance.

« Les nombreuses arrestations qui se faisaient

» chaque jour, dont le prétexte était constamment la
» pétition du Champ-de-Mars , augmentèrent les
» haines, et attirèrent de plus en plus la défaveur po-
» pulaire sur les constitutionnels. » (*Ferrières*,
t. 2 , p. 477.)

Il faudrait fermer les yeux à l'évidence pour ne
pas voir que le massacre du Champ-de-Mars fut un
fait prémédité , un coup de collier du parti appelé
constitutionnel, et qui se composait alors des cotte-
ries de Lafayette , Bailly ; Lameth , Barnave, Duport, etc. , longtemps rivales et même ennemies ;
mais qui, dans cette circonstance comme dans quelques autres , se réunirent aux ultra-royalistes , et
replacèrent sur le trône Louis XVI ; et il faut bien
remarquer que les pétitionnaires ne voulaient pas imposer leur opinion, qui était pour la déchéance ;
mais que par leur pétition ils demandaient que le vœu
national fût consulté , et il faut bien remarquer encore que Barnave , Duport, conviennent, dans leurs
discours contre la déchéance, que l'opinion publique
la demande. Pour comprimer la volonté nationale, il
fallait donc nécessairement du sang , une terreur.

Qu'on lise les décrets de l'Assemblée nationale à
cette époque , et l'on verra qu'elle s'y sert des
expressions les plus despotiques (et qu'elle avait
précédemment reprochées avec tant d'amertume à
Louis XVI), au lieu de chercher par de bonnes raisons, si elle en avait, à ramener la nation dans le
chemin qu'elle disait être le meilleur ; de sorte que le
peuple vit qu'au lieu d'un despote, il en avait six à

sept cents ; qu'au lieu de l'aristocratie de la naissance,
il avait l'aristocratie des richesses, et que de même
qu'avant la révolution, il ne serait compté pour rien
dans les avantages de la société, mais qu'il aurait toujours à supporter le plus lourd des charges publiques.

Voir ainsi ses espérances de liberté et d'égalité
politique trompées ; voir son sang répandu par l'Assemblée nationale et l'aristocratie des richesses ; voir
pendant près d'un mois une loi de carnage suspendue
sur sa tête, et se rappeler en même-temps que c'était
lui, peuple, qui avait délivré l'Assemblée nationale
et l'aristocratie des richesses de périls éminens ;
que c'était lui seul qui, au prix de son sang, avait réellement conquis la liberté et l'égalité politique le 14
juillet, tout cela déposa dans le cœur du peuple un
levain de haine contre l'aristocratie des richesses,
contre l'Assemblée nationale et contre Louis XVI,
que les événemens qui suivirent devaient faire fer-
menter de plus en plus, et enfin produire les affreuses
représailles de 93.

Voyons brièvement le rôle que vous avez joué
dans le massacre du Champ-de-Mars.

Il faut bien remarquer que depuis le 21 juin, jour
de la fuite du roi, jusqu'au 15 juillet, l'on pensait
généralement que la déchéance de Louis XVI était
définitive, et qu'il n'y eut pas le plus léger désordre.
La pétition est annoncée pour le 17 après-midi, et
aussitôt deux assassinats se trouvent commis très à
point, très à propos pour ceux qui voulaient fusiller
les pétionnaires.

Vous rencontrez, à la tête de la force armée, le rassemblement qui portait les têtes coupées ; vous ne faites point tirer dessus ; vous ne faites arrêter aucun des cannibales qui le formaient. Dans ce moment même vous faites remettre en liberté un assassin pris en flagrant délit. (L'Assemblée nationale ordonna qu'il fût arrêté de nouveau et poursuivi ; mais comme on le pense bien, on ne le trouva point.)

Vous accompagnâtes partout les commissaires officiers municipaux, vous fûtes avec eux au Champ-de-Mars ; ils déclarèrent dans leur rapport, fait devant vous : « *Dans toutes nos démarches, nous nous* » *sommes consultés avec le général Lafayette, etc.* » Devant vous, et sans être contredits par vous, ils déclarèrent « Que la malheureuse affaire qui avait fini » par l'assassinat de deux hommes, était tout-à-fait » distincte de celle du rassemblement des citoyens » du club des Cordeliers, *qui n'avaient en rien, à* » *leurs yeux, manqué à la loi.* » En conséquence, ils demandèrent très positivement que la loi martiale ne fût point proclamée.

Vous, vous ne dites rien ; mais vous fûtes à la tête de dix mille hommes armés faire égorger des vieillards, des femmes, des enfans. M. Persil ne demandait que vingt-quatre heures de prison pour les curieux, vous les avez traités un peu plus sévèrement en 91.

Vous direz peut-être que vous étiez sous les ordres du maire de Paris, et que vous avez dû lui obéir sans commenter ce qu'il vous prescrivait. A ce compte, ceux qui, sur l'ordre de Charles IX, firent égorger les protestans, n'étaient point du tout coupables ; et, au contraire, ce gouverneur de Bayonne, le vicomte d'Ortès, qui se refusa positivement à les massacrer, était bien criminel !

Bailly, dans ses Mémoires, se plaint très souvent que vous usurpiez l'autorité municipale ; de nombreux documens prouvent, au moins, que vous exerciez la plus grande influence sur la municipalité, et certainement si vous vous étiez joint aux officiers municipaux qui demandaient que la loi martiale ne fût point proclamée, que la force armée ne fût point envoyée au Champ-de-Mars, leur demande aurait été accueillie ; et, dans tous les cas, vous ne deviez point accepter la mission d'aller fusiller des hommes que les commissaires, dont vous aviez approuvé jusques-là toutes les mesures, déclaraient n'avoir en rien manqué à la loi.

Vous aviez été parfaitement d'accord avec eux jusqu'à votre arrivée à l'Hôtel-de-Ville ; quelle bonne raison a pu vous faire changer tout d'un coup de sentiment ?

Dans une lettre écrite postérieurement, vous dites : « Lorsqu'après l'évasion de Louis XVI, l'Assemblée » constituante *lui offrit de nouveau la royauté*, je » crus devoir joindre ma voix, etc. »

Vous convenez donc que Louis XVI était réellement déchu ; qu'il ne possédait plus la royauté, puisqu'on la lui offrait. Les pétitionnaires avaient donc le droit de demander que ce fût la nation qui lui offrît de nouveau la royauté, et non point une assemblée dont la moitié avait été nommée par les privilégiés; c'était-là le vice radical de cette Assemblée dont une moitié seule avait une origine nationale.

Vous direz, peut-être, que le vœu des pétitionnaires n'était pas celui de la France, mais seulement d'une partie de Paris. Le meilleur moyen pour le savoir était de consulter la nation, en faisant recommencer les élections qui, lors de la fuite du roi, se faisaient partout pour nommer vos successeurs, et de leur laisser le soin de décider cette importante question. Mais ce qui prouve que vous saviez fort bien que la volonté nationale était la déchéance, c'est que Barnave, Duport, etc., avec lesquels vous vous entendiez *pour offrir de nouveau la royauté à Louis XVI*, étaient forcés, pour entraîner les esprits faibles, de dire comme Guizot de nos jours, que le devoir d'un législateur est de résister à l'opinion publique. (Voir leurs discours dans le *Moniteur*.)

Certes, si l'opinion publique demandait quelque chose d'injuste, d'atroce, une Saint-Barthélemy, par exemple, des législateurs auraient raison de ne vouloir point se transformer en bourreaux; mais toute la question est-là : était-il injuste, atroce, de demander que le vœu national fût consulté pour savoir si la liberté chargerait du soin de la défendre, le chef des privilégiés qui, à l'instant même, avait voulu aller se mettre à la tête des émigrés pour la détruire? Si l'on est forcé de convenir que non, avec justice l'on pourra dire qu'ils se firent bourreaux ces législateurs qui, après avoir étouffé la discussion à peine commencée sur la déchéance, ordonnèrent que l'on traiterait comme factieux ceux qui dorénavant parleraient sur cette question ; et si en 91 on n'avait point remis Louis XVI sur le trône, il ne serait pas monté sur l'échafaud en 93. La république exista de fait du 21 juin au 17 juillet 91, et le plus léger désordre ne vint point troubler la tranquillité publique ; pas plus qu'après les trois journées de juillet 1830, il n'y eut le moindre symptôme d'anarchie. On avait donc tout le temps d'étudier l'opinion publique, pour prendre un parti qui ne la choquât point, ou pour la laisser se calmer. En un mot, il n'y avait point péril dans la demeure ; mais comme cette opinion se prononçait de plus en plus pour la déchéance, vous et vos alliés, vous voulûtes l'arrêter brusquement par le massacre du 17 juillet et la terreur qui le suivit.

Général, lorsque depuis vous avez été au Champ-de-Mars, en foulant sous vos pieds le sang des vieillards, des femmes, des enfans que vous aviez fait fusiller, n'avez-vous jamais senti des remords ? J'ai remarqué plusieurs fois sur votre figure ordinairement calme et sereine, une espèce de tic nerveux pénible à voir ; je l'ai attribué aux reproches que vous faisait votre conscience pour votre conduite à cette époque : me suis-je trompé ? Et en vous attribuant des remords, c'est reconnaître qu'il n'y a eu qu'erreur de votre part, et non point désir de faire à tout prix triompher votre opinion.

Je me suis étendu longuement sur le massacre du Champ-de-Mars, parce que je suis persuadé qu'il a engendré l'horrible 93, qui n'a été que la réaction, que les représailles de 91 ; et pour n'en citer qu'une preuve, qu'on se rappelle la mort du faible Bailly ; lui aussi voulut faire de la force, sans considérer *qu'après une révolution*, il n'y a point de force intérieure capable de comprimer longtemps la volonté du peuple ; l'immense géant, Napoléon, ne l'aurait pas pu lui-même.

Bailly, d'accord avec Lafayette, et précédé du drapeau rouge, fit en 91 tirer sur les pétitionnaires et le peuple dont ils exprimaient les opinions. En 93 Bailly fut condamné à mort. D'après son jugement, il devait être exécuté au Champ-de-Mars, et derrière la charrette qui l'y conduisait, était attaché, traînant dans la boue, le drapeau rouge qui lui avait servi le 17 juillet. Arrivé au lieu du supplice, le peuple s'écrie que son sang souillerait le Champ-de-la-Fédération ; le peuple défait l'instrument de mort et le remonte sur un tas d'immondices ; pendant ce temps le drapeau rouge est brûlé de manière que la flamme atteint le visage de Bailly ; on lui crache à la figure ; on le couvre d'ordures... Certes, voilà des représailles bien caractérisées ; elles étaient atroces, horribles au dernier point, nul doute à cela ; mais il ne suffit pas de savoir les épithètes qu'on doit leur donner, pour préserver notre patrie du retour d'un si abominable régime, il faut remonter à la source. N'est-ce donc point aussi une action excessivement atroce, que celle de citoyens armés qui, au lieu de s'expliquer, de s'entendre avec leurs concitoyens moins riches qu'eux, vont les fusiller, et fusillent en même-temps des vieillards, des femmes, des enfans, et cela pour maintenir sur le trône un roi qui, après une révolution, voulait gouverner comme s'il n'y avait point eu de révolution, et, d'accord avec les étrangers, faisait tout pour détruire la liberté et l'égalité politique, qui seules assurent au peuple un bonheur de longue durée (*)?

Je reviens à vous, Général. Dans ma prochaine lettre je vous demanderai des éclaircissemens sur votre conduite depuis le 17 juillet 91 jusqu'au 20 août 92, où maudit par votre armée insurgée contre vous et par le peuple, vous fûtes recevoir des mains de l'Autriche, à Olmutz, le prix réservé à ceux qui n'embrassent point avec franchise une opinion, qui louvoyent entre tous les partis, allant alternativement de l'un à l'autre. Ainsi le comte de l'Abisbal, qui en 1823 abandonna les constitutionels pour les royalistes, aurait été, sans l'armée française, mis en pièces par ceux-ci, parce qu'ils se rappelaient qu'en 1820, par un mouvement tout contraire, ce même général avait déserté leur cause pour se placer dans les rangs des constitutionnels.

(*) L'égalité politique n'existe point en Angleterre, aussi le peuple y est très malheureux; le quart de la population y vit d'aumônes.

IMPRIMERIE DE J. L. BELLEMAIN, RUE SAINT-DENIS, N. 268.

www.ingramcontent.com/pod-product-compliance
Lightning Source LLC
Chambersburg PA
CBHW051729050726
47598CB00003B/1107